AF310996

LETTRE

AUX ÉLECTEURS

A L'OCCASION DES

ÉLECTIONS POUR LA CONSTITUANTE

PAR

F. DE MARCÈRE

CONSEILLER A LA COUR D'APPEL DE DOUAI.

Prix : 50 centimes.

DOUAI

IMPRIMERIE DE Mme VEUVE CERET-CARPENTIER.

AVANT - PROPOS

—

On m'invite à publier un programme politique destiné, dans la pensée des amis qui m'écrivent, à servir de point de ralliement autour de l'urne électorale.

Je n'aurais pas cédé à ce désir s'il ne s'agissait que de moi. En face des dangers qui menacent la Patrie, en face des questions que soulèvent les élections où se jouera et se décidera le sort de la France, que sont les personnes? Dans les circonstances où nous sommes, je regarde comme souverainement présomptueux et ridicule de parler de soi.

Si ma candidature sort du mouvement d'opinion auquel j'ai pris une part que quelques hommes ont bien voulu reconnaître, cette candidature sera livrée, comme cela se doit, à la discussion. Je demande seulement qu'on veuille bien, dans cette discussion, apporter le seul souci de la chose publique, et des sentiments de justice qui ne permettent pas de m'imputer des opinions et des actes qui ne seraient pas les miens. Il s'agit au surplus, non de moi, mais du pays en péril. Des travaux antérieurs dirigés vers la politique, la ligne que j'ai constamment suivie depuis que j'ai atteint l'âge d'homme, ont inspiré à quelques-uns de mes amis la pensée que je pourrais utilement exposer mes idées sur la situation présente. J'obéis, n'étant dirigé dans tous mes actes que par la passion du bien public, et par l'ardent amour de la France qui, dans ces temps de malheur, a besoin du dévouement et des services de tous ses enfants.

DE MARCÈRE,
Conseiller à la Cour d'appel de Douai.

Douai, 16 décembre 1870.

5

I

Ce dont le pays a le plus besoin, c'est de la vérité. Depuis longtemps il ne l'entend plus, et ne la connaît pas. Le temps est venu de la dire. Ce n'est qu'à la faveur de l'ignorance dans laquelle on l'a entretenu sur toute chose qu'on a pu lui faire supporter et soutenir si longtemps un établissement politique auquel nous devons tous nos désastres. Aujourd'hui encore, on s'efforce de surprendre sa bonne foi au profit d'influences diverses qui, si elles dominaient dans les élections, nous prépareraient de nouveaux malheurs.

Aussi n'est-ce pas le pays que j'accuse. J'ai senti battre son cœur de près, dans ces derniers temps. Il s'émeut aux mots de patrie, d'honneur, de la gloire de la France, gloire un moment ternie, et des droits et des devoirs qui font des habitants d'un Etat les citoyens d'une nation digne de jouer un grand rôle dan le monde. Il a été trompé : on peut le tromper encore sur le. dangers qu'il court et sur les moyens de les conjurer. Puisse son bon sens le détourner des voies mauvaises où l'on cherchera à l'entraîner! Il suffit pour cela qu'il aperçoive la vérité. Quand il l'aura vue, il n'hésitera pas à la suivre; l'instinct de la conservation, d'accord avec le patriotisme, suffirait à lui indiquer le chemin.

II

Depuis que la France existe, jamais elle n'avait subi d'humiliations comparables à celles qui l'atteignent dans son honneur. Jamais non plus, elle n'avait éprouvé dans sa fortune et dans ses richesses de désastres semblables à ceux qui la ruinent.

L'Empire a capitulé à Sedan, et avec lui a capitulé la dynastie

6

qui nous avait préparé et qui nous a infligé ces malheurs. C'est
l'histoire qui atteste cette vérité, en opposant à nos glorieuses
annales de quatorze siècles la page affligeante au bas de laquelle
Napoléon III a mis son nom.

L'Empire et ses institutions, que l'on s'était plu à nous présenter comme une sauvegarde, comme une arche sainte destinée
à préserver à tout jamais la fortune de la France, n'ont rien
sauvé. Empire et institutions sont tombés du même coup, sans
que personne y ait mis la main, si ce n'est celui que tenait le
sceptre et l'épée, et qui a jeté l'un et l'autre aux pieds de
l'étranger, pour prendre la plume avec laquelle il a souscrit
notre honte.

Des hommes courageux ont fait face à l'ennemi envahissant
notre territoire. Ils n'ont pu tout d'abord consulter la nation; le
premier soin était de la sauver. L'histoire équitable dira qu'ils
ont fait tout ce qu'il était possible de faire au milieu de désastres
sans nombre, et dans la désorganisation générale préparée par
une administration sans prévoyance.

C'est à la France à faire le reste. Il faut qu'elle établisse son
Gouvernement, et qu'elle fonde des institutions à l'abri desquelles
elle puisse vivre, réparer ses malheurs et maintenir sa destinée
à la hauteur où l'ont placée nos aïeux. Telle est la mission de
la Constituante; et c'est aux électeurs qu'il appartient, avant de
choisir leurs candidats, d'envisager la tâche immense que leurs
élus auront à accomplir.

III

Cette tâche se mesure aux besoins de la France; or, la France
a besoin d'ordre, de liberté, de stabilité et de sa propre grandeur. Tous ces biens sont également nécessaires; ils se sou-
tiennent mutuellement, et aucun d'eux ne peut s'obtenir ni
surtout se conserver sans tous les autres.

Qu'est-ce en effet que l'ordre, dans son sens le plus général?
C'est l'harmonie établie entre tous les éléments constitutifs d'un

état régulier, de même que la santé dans l'homme résulte de l'équilibre de tous ses organes.

L'abaissement de la nation, la diminution de sa puissance, c'est du désordre : car les fortunes et les situations privées se ressentent de cet amoindrissement. Les révolutions fréquentes, eussent-elles pour excuse la recherche du mieux, sont du désordre : car les citoyens souffrent individuellement de ces mouvements irréguliers de la vie nationale. L'oppression des citoyens, la perte de nos libertés et l'intolérance religieuse sont aussi du désordre : car il n'est pas un citoyen qui ne souffre dans sa personne ou dans celle de ses proches et de ses amis, de l'oppression générale : et finalement, après quelques années écoulées d'un régime despotique, il se trouve, un certain jour, que la nation, surprise dans sa langueur, dans son énervement, dans l'impossibilité où elle a été réduite d'agir, devient la proie des factions à l'intérieur ou bien, ce qui est encore pire, subit la loi d'un ennemi victorieux.

C'est cette dernière épreuve des effets d'un régime sans liberté que la France fait aujourd'hui.

Mais dans le langage ordinaire, on donne au mot ORDRE un sens plus restreint. On l'applique plus spécialement à la sécurité des personnes et des biens, et à la tranquillité maintenue dans le pays. Or, cet ordre là, la France le veut absolument, et elle a bien raison; car la première nécessité pour un peuple est de vivre; et il est impossible d'accepter comme Gouvernement un état de choses qui serait une menace permanente contre le repos des citoyens.

Il y a des lois pour protéger les personnes et les biens contre les agressions des malfaiteurs; il y a des lois qui ont pour but d'organiser la propriété, de la sauvegarder; il y en a d'autres dont l'objet est de constituer les familles et de les maintenir selon les règles de la loi naturelle. Tant que ces lois existeront, la sécurité de tous est garantie par les tribunaux chargés de les appliquer.

Mais ces lois protectrices pourraient être modifiées profondément si certaines doctrines justement redoutées venaient à prévaloir. C'est pourquoi il importe de ne pas laisser entrer à la chambre des représentants, des hommes qui professent ces doctrines. Il paraît donc nécessaire et conforme au sentiment à peu près universel que les candidats à la Constituante affirment sans ambages leur intention de défendre les principes d'ordre sur lesquels la Société repose, et parmi lesquels se placent au premier rang la famille et la propriété.

Toutefois cette résolution de défendre tout ce qui est respectable dans la Société ne doit pas faire fermer les yeux sur les améliorations réclamées par la justice. Autant je réprouve le Socialisme dans ce qu'il a d'erroné et de funeste, autant je suis pénétré des obligations qu'impose la solidarité sociale. Ce sentiment s'appelle, suivant les lieux et les temps, charité, fraternité, solidarité. De quelque nom qu'il se nomme, il s'impose à tout homme de cœur, et, à défaut de cœur, les esprits clairvoyants doivent désormais s'en inspirer dans les combinaisons de la politique.

Tout ce qu'il est possible de faire pour l'amélioration des classes ouvrières la Société doit le tenter. C'est un devoir pour chacun de nous individuellement, c'est une obligation rigoureuse pour l'Etat. Les hommes qui seront envoyés à la Constituante ne doivent donc pas détourner leurs regards des problèmes sociaux; toute négligence et tout dédain de leur part à ce sujet, seraient coupables. Mais, je le déclare hautement, la solution de ces problèmes est avant tout placée dans la liberté et dans l'accomplissement assidu de nos devoirs mutuels; et sous ce rapport, riches et pauvres ont également à gagner à suivre la loi de leur responsabilité morale.

La libre discussion, le débat au grand jour, engagé entre tous les intérêts en présence, apaiseront bien des colères sourdes, adouciront bien des sentiments amers, dissiperont bien des erreurs, en même temps qu'ils feront justice des prétentions qui, de quelque côté qu'elles s'élèvent, seraient excessives.

Dans cet ordre d'idées, la discussion ouverte à tous les représentants des intérêts en jeu doit précéder les solutions adoptées : c'est par ce moyen seulement que les solutions arrêtées seront marquées au sceau de la justice, et qu'elles en auront l'autorité.

Puis, après la tâche des législateurs remplie avec bonne foi, et dans un sentiment de solidarité sociale sincère, la moralisation progressive des citoyens fera le reste. La loi du travail, la loi de l'économie, la loi des bonnes mœurs, la loi de protection dans la famille qui descend du chef aux membres, et la loi du respect et de l'obéissance qui s'élève des membres jusqu'au chef, s'imposent à tous sous la sanction de notre responsabilité. Mais, qu'est-ce qui peut éveiller le sentiment de cette responsabilité, lui donner toute son efficacité, la rendre partout agissante ? Ce ne peut être, et ce ne sera que la pratique de la liberté.

IV

La liberté paraît à bien des yeux aveuglés sur les vérités les plus simples quelque chose d'extravagant, sinon de criminel, le rêve de cerveaux malades ou l'espérance d'hommes que le dérangement de leurs affaires ou le goût des vices poussent à la guerre contre l'ordre social. Or, la liberté n'est pas autre chose que l'usage légitime et spontané de nos facultés.

La possession de sa liberté rend l'homme plus actif, plus intelligent, plus industrieux et plus moral à la fois, parce que l'usage qu'il fait de ses facultés dans les directions diverses où il les emploie lui fait à chaque instant sentir le poids de sa responsabilité. S'il se trompe, il se corrigera de ses erreurs, parce que ses erreurs auront tourné contre ses intérêts. S'il commet des fautes, il se punit en quelque sorte lui-même, parce que ses fautes entraîneront fatalement leur châtiment avec elles. Sans sa liberté, l'homme n'est plus, à proprement parler, un homme ; c'est une machine, un automate misérable, plus misérable que la brute, parce qu'il méconnaît sciemment les destinées pour lesquelles il est fait. Aussi la liberté est-elle notre droit inaliénable ; et c'est ce que nos pères avaient appelé en 91 les droits de l'homme.

Le droit, pour chacun de nous, de diriger son activité comme il lui convient, vers l'industrie, vers le commerce, vers les arts, à son profit ou pour le bien d'autrui, voilà la liberté.

Le droit d'exprimer sa pensée, de répandre les idées qu'il croit utiles, d'exercer sur ses concitoyens une influence due à son mérite ou à sa situation sociale; voilà la liberté.

Le droit de la conscience qui lui permet de suivre les règles de la religion qu'il adopte, et de conformer sa vie aux principes que cette religion lui enseigne; le droit de s'affranchir au contraire de toute règle de ce genre; voilà la liberté. A cet égard, il règne dans un certain parti qui se croit libéral de singulières contradictions. Pour moi, fidèles d'un culte et libres penseurs sont également tenus à la loi de la tolérance; et il n'y a pas à mes yeux de despotisme plus intolérable que celui qui prétendrait forcer le domaine réservé de la conscience.

C'est du sein de ce parti pseudo-libéral qu'est sortie cette affirmation nouvelle : *Que toute religion doit être proscrite au nom de la liberté*. Assertion nouvelle en effet, et qui n'a pas cours chez le peuple le plus libre du monde, celui qui, le premier, a su vivre et grandir avec des institutions démocratiques et républicaines, le peuple des Etate-Unis d'Amérique. Ceux qui aiment vraiment la liberté peuvent s'en tenir, ce me semble, à l'opinion de deux hommes que nous pouvons prendre pour guides. « Pour moi, a dit de Tocqueville, je doute que l'homme puisse jamais supporter à la fois une complète indépendance religieuse et une entière liberté politique; et je suis porté à penser que, s'il n'a pas de foi, il faut qu'il serve, et s'il est libre, qu'il croie. » — Et Jules Favre a prononcé ces graves paroles : « Dans le monde moderne, les nations ne peuvent être puissantes qu'à la condition d'être libres et croyantes. »

Quoique l'on pense d'ailleurs du fond de cette question qu'il n'est pas utile ici de débattre, je réclame pour moi et pour les autres une entière liberté; et ce serait, à mon sens, faire la plus grande injure et en même temps le plus grand tort à la République, que de présenter cette forme de Gouvernement comme incompatible avec toute institution religieuse. Le débat au surplus serait bientôt tranché par l'application des principes de la souveraineté nationale dans un pays où l'immense majorité des citoyens professe ouvertement sa foi.

V

La liberté individuelle est donc le premier des biens, puisqu'elle n'est autre chose, pour chacun de nous, que l'entière possession de lui-même.

Mais sortons de ce cercle étroit. Comme membre de la commune, du département, des diverses associations qui se forment
pour répondre à des besoins variés de charité, de bienfaisance
ou d'intelligence mise en commun, notre individualité s'agrandit.
Ces groupes divers réclament aussi leur liberté qui leur permette
d'agir, de poursuivre le but pour lequel ils sont créés, de s'administrer, de vivre en un mot. Jusqu'à ce jour, ils ont été rattachés au Gouvernement central par une réglementation et par un
système d'administration tellement rigoureux qu'ils ne pouvaient
se mouvoir qu'avec son autorisation. Le pays tout entier s'est
ainsi trouvé comme paralysé dans les liens d'une centralisation
excessive. Nulle initiative; partant nul effort. La vie provinciale
s'était arrêtée, n'étant plus entretenue que par un mécanisme
artificiel; et cette atonie a produit ses effets naturels; l'abandon
de plus en plus complet de nos propres affaires, l'incapacité qui
résulte nécessairement d'une inaction prolongée, et le néant.

Depuis longtemps, les hommes qui se préoccupaient de l'état
de notre pays s'affligeaient de cette mort lente qui, peu à peu,
envahissait le corps social, et ils en prévoyaient les conséquences.
Nos désastres ont étalé ces conséquences à tous les yeux.

La France envahie, subjuguée par un étranger à jamais odieux,
s'est trouvée pour un moment inerte. La violence de la chute l'a
réveillée pourtant. Encore tout engourdie et surprise au milieu
de sa quiétude trompeuse elle a vu le péril, et par un vigoureux
effort, elle a repris possession d'elle-même. Il faut que ce réveil
dure; il faut que le sentiment de notre dignité et le souci de
notre salut survivent aux effroyables événements qui nous ont
trouvés désarmés et comme incapables d'agir, tant nous en avions
perdu l'habitude.

De là naît la nécessité de recouvrer et d'établir solidement nos libertés provinciales. Cette réforme porte un nom inscrit depuis longtemps dons les programmes vraiment libéraux : elle s'appelle la décentralisation.

La décentralisation a pour but, et doit avoir pour effet de détacher du Gouvernement central tout ce qui ne concerne pas la gestion des intérêts généraux, et de restituer à nos communes, à nos départements, aux associations fondées en vue de besoins variés, le droit de s'administrer et de faire leurs affaires. Elle rendra à la province cette activité qui entretient la vie ; elle fournira aux citoyens l'occasion d'employer, chez eux, leurs talents et leur dévouement au service des intérêts communs ; elle formera tout le monde à la pratique des devoirs civiques, sans lesquels il n'y a pas de peuple libre, et elle nous initiera à l'exercice des droits plus élevés que nous confère la liberté politique.

Cette réforme implique des changements considérables dans notre système d'organisation intérieure : et ces changements, il faut les faire résolûment : le salut est à ce prix. Les hommes qui s'occupent des affaires publiques le savaient depuis longtemps, et la France entière doit aujourd'hui en comprendre la nécessité. Ses malheurs l'ont averti que les moyens de Gouvernement et le système d'administration employés jusqu'à ce jour la conduiraient à sa perte.

VI

Elargissons encore le cercle. Sortant des limites de nos intérêts immédiats, dans lesquelles se meut la famille : sortant de la commune, où nos relations se bornent à nos compatriotes les plus proches : sortant du département qui représente le groupe provincial le plus considérable, nous sommes encore rattachés les uns aux autres par les liens de la grande famille française : nous sommes citoyens d'un Etat.

Ici apparaît le principe de la souveraineté nationale, en vertu duquel tous les citoyens ont le droit de prendre part aux affaires du pays et de s'associer directement à ses destinées. Or, ils ne peuvent s'y associer, ils ne peuvent prendre part à la gestion des intérêts publics que par le libre usage de leurs facultés appliquées aux affaires générales de la patrie commune. On voit par là que la liberté, appelée plus spécialement la liberté politique, n'est, comme la liberté individuelle et provinciale, que la possession entière de l'homme par lui-même, mais de l'homme associé à ses concitoyens, membre, comme eux, de la même nationalité.

Le citoyen, c'est l'individu agrandi, multiplié en quelque sorte par l'association. Sortant de lui-même et de ses intérêts particuliers, sa pensée s'élève aux préoccupations de la chose publique; son cœur s'élargit et ressent toutes les émotions de la patrie. Il s'émeut sur ses dangers, il jouit de ses triomphes, il pleure ses malheurs.

C'est la Révolution de 89 qui a fait de nous des citoyens, en faisant passer dans la politique, c'est-à-dire, dans la conduite des affaires humaines, les principes de la saine raison. La proclamation de l'égalité, ce principe si conforme à la loi naturelle, devait aboutir à l'égalité des droits politiques. Cette dernière pourtant n'a été appliquée dans sa plénitude que dans ces derniers temps. Mais les droits politiques qui consistent dans la participation de tous à la gestion et à la direction des affaires communes ne peuvent être exercés qu'à une condition; et cette condition, c'est la liberté.

Les citoyens en effet ne peuvent participer à la direction des affaires générales de l'État que par délégation : 40 millions d'hommes ne peuvent à la fois et tous ensemble gouverner. De là l'importance suprême du principe électif; car l'élection est le premier acte, l'exercice primordial du droit politique. Il en résulte que si le point de départ est manqué, le droit tout entier est vicié et finit par périr : c'est comme un projectile lancé par une arme défectueuse; si la balle dévie en sortant du canon, non seulement elle manque le but, mais encore elle peut produire des effets précisément contraires à ceux que le tireur attendait. C'est ainsi que presque toujours, depuis 70 ans, les institutions libérales ont été faussées dans leur jeu, et funestes dans leurs résultats, parce que la base du système tout entier était mauvaise. La liberté électorale, en effet, tantôt par la corruption, tantôt par l'intimidation, par des moyens enfin plus ou moins malhonnêtes, n'a pas cessé d'être compromise.

Le citoyen doit donc être parfaitement libre dans l'usage qu'il fait du plus essentiel de ses droits politiques, dans les élections. Et quand je parle de liberté, ici comme sur d'autres points, j'entends, non pas la faculté d'accomplir un acte matériel comme d'étendre le bras et de laisser tomber un bulletin dans l'urne; j'entends la liberté vraie, c'est-à-dire, celle qui implique une responsabilité. Or, cette liberté vraie ne peut être que celle du citoyen indépendant, éclairé et moral, qui sait ce qu'il fait, qui a conscience de son acte et qui se rend compte de son vote.

La liberté électorale ainsi comprise, rend nécessaires d'autres libertés, sans lesquelles elle manquerait des conditions qui lui sont indispensables.

En effet, pour s'éclairer, pour se concerter, pour se rendre compte des choix à faire et de la mission que les élus auront à remplir, il faut que la presse élucide ces divers points et que les journaux circulent librement; il faut que la discussion soit largement ouverte sur tout ce qui peut intéresser le corps électoral; il faut que les questions du jour soient débattues dans le monde, dans les familles, dans les réunions privées et publiques. Enfin, pour s'entendre, il faut se parler; pour savoir, il faut apprendre; pour choisir, il faut connaître; et pour tomber d'accord sur un candidat ou sur une liste de députés, il faut se concerter.

Ainsi, liberté de la presse, liberté de discussion, liberté de réunion, liberté d'association, sont tout simplement des choses de bon sens qui s'imposent à la raison d'un pays qui prétend se gouverner lui-même. Ces actes de la vie politique sont le pain quotidien de la vie des peuples libres; et ils n'offrent d'inconvénients que dans les pays où on ne sait pas user de ces droits primordiaux des citoyens.

Il est bien inutile, je pense, de démontrer la nécessité de la liberté parlementaire. Que les représentants de la Nation puissent délibérer librement; qu'ils soient maîtres de leurs résolutions; qu'ils contrôlent sérieusement les actes du pouvoir central;

qu'ils le contiennent et l'inspirent ; qu'ils donnent à l'administration et à la législation une forte impulsion dans le sens libéral
et dans le sens du progrès, c'est le complément nécessaire des
institutions que la Constituante sera appelée à fonder.

VII

Le pays, ai-je dit, a besoin de stabilité. La Constituante aura
donc à lui assurer ce bien inappréciable en organisant un système de Gouvernement qui offre des garanties sérieuses de
durée.

La stabilité ne résulte pas d'une constitution despotique, ni de
l'établissement de ce qu'on a appelé les *Pouvoirs forts*. Nous
avons fait la cruelle expérience de la valeur de ces constitutions
proclamées immortelles, et de ces régimes qui se croient invulné-
rables, parce qu'ils mettent, pour un temps, la force armée au
service de leurs volontés capricieuses. La stabilité ne peut résul-
ter que de l'adhésion générale des citoyens au Gouvernement
établi, de la confiance que leur inspirent leurs institutions et de
la satisfaction donnée à tous les intérêts.

Que faut-il pour atteindre ce but vers lequel nous tendons avec
une ardeur d'autant plus passionnée que nous sommes plus fati-
gués de nos incessantes révolutions? Il faut faire passer dans nos
lois, dans nos institutions, dans l'administration journalière des
affaires publiques le principe essentiel de la Révolution de 89,
qui est la justice. *Soyons justes, si nous voulons être libres* : le
mot est toujours vrai. J'ajoute : soyons justes, si nous voulons
vivre en paix sous un Gouvernement durable.

Inspirons-nous sans cesse de l'idée du juste et du droit ;
conformons-y tous nos actes : faisons-la pénétrer partout comme
l'esprit de vie de notre Société régénérée, et nous aurons raison
des rancunes, des mécontentements, des convoitises que sus-
citent l'iniquité triomphante et les révolutions, et qui finiront par
se ranger sous la loi partout dominante de la justice.

VIII

Enfin la France éprouve l'impérieux besoin de conserver sa propre grandeur. Elle ne saurait consentir à sa déchéance, et le sentiment qu'elle aurait de sa diminution dans le monde serait pour elle une cause de malaise et de trouble qui aboutirait à l'anéantissement de ses plus chers intérêts.

Ce n'est pas un sentiment puéril de vanité nationale qui demande satisfaction, c'est l'instinct même de la conservation qui nous avertit. Les temps des invasions barbares sont revenus. De quelque vernis de civilisation que se couvre la Germanie, la guerre qu'elle nous fait n'est pas une guerre à l'Européenne; c'est une invasion des peuplades du Nord : c'est une race qui se rue sur une autre race : c'est l'Orient qui s'avance sur nous avec l'avant-garde prussienne, et la France a reçu ce grand choc comme la sentinelle de l'Occident. Sentinelle endormie et surprise, elle n'est pas domptée encore. Lorsque sera achevée l'œuvre de sang, c'est par l'idée qu'elle refoulera les barbares. L'Empire lui avait enlevé cette arme puissante. Qu'elle la reprenne donc, mais pour ne plus s'en dessaisir, et qu'elle continue la mission pour laquelle Dieu l'a faite.

Nos ennemis le savent bien. Aujourd'hui comme en 92, ce sont nos idées qu'ils craignent. Les principes de notre Révolution sont destinés à renverser l'empire de la force, et les organisations politiques fondées sur l'inégalité maintenue entre les hommes par les institutions du passé. Voilà ce que redoutent les Hohenzollern, les Bismark et les petits seigneurs féodaux de l'Allemagne. De même, c'est pour avoir méconnu le principe de la Révolution, pour avoir substitué dans notre pays l'idée de la force brutale et du militarisme à l'idée de justice et de liberté que trois fois dans un demi-siècle les Bonaparte ont amené l'étranger jusqu'au cœur de la France.

Cette expérience trois fois renouvelée au nom d'une vaine gloire enseigne à la Constituante prochaine et au Gouvernement qu'elle fondera la politique de l'avenir. Nous avons commencé la rénovation sociale qui doit changer la direction du monde; c'est à nous à la poursuivre. Nous ne serons pas seuls à accomplir cette œuvre. Dans tous les coins du monde, la Révolution française a répandu ses germes féconds; et les peuples, sinon les rois, sont prêts à entrer dans la voie où nos principes les guident. Marchons-y donc hardiment : Cette association et la propagande de nos idées feront plus pour notre puissance et pour notre grandeur que ne le pourraient faire nos armées.

Non-seulement la liberté seule peut nous rendre dans le monde le rang que les vieux peuples de l'Europe nous contestent et d'où ils prétendent nous faire descendre, mais encore elle opérera dans le sein de notre pays cette régénération que les bons citoyens appellent de tous leurs vœux. Elle nous rendra, avec l'initiative, l'énergie et les viriles vertus qui font les grands peuples, en nous accoutumant par le sentiment de notre responsabilité à l'accomplissement régulier de nos devoirs civiques.

Ce n'est pas tout encore. Prenons garde d'être devancés par les ennemis qui nous entourent dans la voie des progrès matériels. Notre infériorité en beaucoup de points a sauté pendant cette guerre à tous les yeux; nos études sont affaiblies; nos arts se rapprochent du métier; notre littérature s'est ravalée aux productions de la farce; notre industrie n'est plus aussi vivace; notre commerce est menacé sur tous les rivages; toutes nos forces militaires, civiles, financières, qui paraissaient si grandes, se sont trouvées débiles quand il a fallu s'en servir. Ce n'est pas certes la liberté qu'il en faut accuser puisque depuis vingt ans nous vivons sans elle; ce sont bien plutôt les régimes du passé et ces systèmes faux de Gouvernement où se rencontrait un amalgame étrange de principes contradictoires.

Que cet état de choses soit pour nous un sérieux avertissement. La fortune, les richesses, la puissance intellectuelle de la France ne sont pas dans un moindre péril que sa grandeur morale. Il faut que nos cœurs se relèvent dans l'infortune; il faut également y puiser une énergie nouvelle, et redoubler d'efforts sous peine de déchoir en face de nos rivaux, même dans l'ordre des choses matérielles. Dans cet ordre d'idées comme dans tous les autres, l'intérêt se trouve d'accord avec le devoir. Or, le devoir pour des hommes dignes de ce nom, est de vivre libres, d'appliquer toutes nos facultés pour le plus grand bien des autres et de nous-mêmes, et de diriger nos destinées, inspirés par le sentiment généreux de la solidarité sociale et guidés par la justice.

IX

La première question dont s'occupera la Constituante est celle de la forme de Gouvernement qu'il faut établir : je la pose la dernière.

C'est qu'en effet la forme du Gouvernement est, pour ainsi dire, le couronnement de l'œuvre que chacun des citoyens doit accomplir en lui-même, dans la famille, dans la commune, dans la province, dans les comices électoraux et dans les conseils de la nation. C'est pourquoi on a pu dire que les peuples ont toujours le Gouvernement qu'ils méritent ; rendons-nous donc dignes d'un Gouvernement qui nous honore !

La principale mission du Gouvernement doit être de garantir les libertés que j'ai successivement passées en revue, de les protéger et de les servir. Cela étant, quel est celui qui, dans les temps où nous sommes, est le plus apte à nous rendre ces éminents services : maintenir la grandeur nationale, protéger notre liberté, assurer la stabilité, garantir l'ordre ?

Le débat ne peut s'élever qu'entre une Monarchie constitutionnelle avec un roi de la famille des Bourbons ou la République. Il n'est pas d'âme vraiment française qui puisse désormais envisager une autre éventualité.

La question ainsi posée n'exige pas de grands développements. Les hommes de la génération à laquelle j'appartiens sont dans une disposition d'esprit exceptionnellement favorable pour prononcer sur cette controverse qui jusqu'alors s'est agitée au sein de passions violentes s'entre-choquant de part et d'autre. Jusqu'à ce jour, les solutions politiques ont été arrachées par la force plutôt qu'adoptées avec réflexion, et ces luttes laissaient dans tous les cœurs le germe de longs ressentiments. Mais aujourd'hui le temps des enthousiasmes à l'occasion d'un nom ou d'un mot est passé : nous ne sommes plus disposés à mettre du fanatisme dans la politique, et, sans être prêts à mollir par faiblesse dans ce qui nous paraît bon pour la Patrie, nous réservons nos haines pour les traîtres et pour l'étranger.

Le choix entre la Monarchie et la République est une affaire de simple calcul. De quel côté sont les plus grands avantages? De quel côté y a-t-il le plus d'inconvéniens? A cette double question je réponds : Selon moi, la République a une supériorité marquée sur la Monarchie, et je crois que c'est à cette forme de Gouvernement qu'est attaché désormais le salut de la France.

Mes préférences se justifient d'abord par une raison de principes. Il n'y a que les esprits frivoles et peu clairvoyants qui fassent fi des principes; car, c'est de la conformité des actes avec les principes que découle, même en politique, l'ordre véritable. Or, les faits de notre histoire contemporaine ont fait ressortir une sorte d'antagonisme entre la Monarchie et les principes essentiels de la Révolution de 89, tels que la souveraineté nationale, l'égalité et la liberté politique. Et c'est pourquoi, depuis 89, tous les essais tentés de restauration monarchique n'ont été qu'une continuité de luttes sourdes et d'un état de malaise qui aboutissaient régulièrement à des révolutions.

Cet antagonisme est sensible en bien des points : mais il s'accuse avec une évidence irrésistible dans ce qui fait l'essence même de la monarchie, je veux parler de l'hérédité. L'hérédité, c'est-à-dire la continuité et la permanence du pouvoir dans la personne d'un roi qui ne meurt jamais, est le principal avantage de la Monarchie. Mais cet avantage est tellement contradictoire avec les principes de notre Révolution que, depuis elle, il n'a jamais pu être maintenu. Depuis que l'idée de la souveraineté nationale est entrée dans notre droit public, elle a constamment battu en brèche la loi de l'hérédité au sommet du pouvoir. C'est qu'en effet, la souveraineté nationale ne peut s'enchaîner elle-même, ni surtout enchaîner les générations successives à un ordre de choses invariable et aux destinées d'une dynastie.

La République au contraire se prête admirablement aux évolutions progressives qui sont de l'essence d'un état démocratique, et par conséquent à l'exercice régulier de la souveraineté nationale. Le changement de pouvoir qui, dans la Monarchie, peut être une cause de trouble et de révolution. — Je parle de la France, — n'est, sous la République, qu'un incident habituel et régulier de la vie nationale.

L'expérience confirme cette assertion. Depuis 89, la loi de l'hérédité monarchique a-t-elle préservé la France des Révolutions? Autant de rois, autant de révolutions nouvelles. La Monarchie n'a donc plus pour nous le seul avantage sérieux qu'elle puisse revendiquer. Voilà pour le passé.

Dans le présent, la condition de la Monarchie serait-elle meilleure? Croit-on qu'elle serait acceptée dans les grandes villes? Voudra-t-elle s'inaugurer par des répressions sanglantes ? Voudra-t-elle servir de signal à la guerre civile? Pour tous les esprits ouverts aux choses de la politique, cette dure extrémité serait pourtant inévitable; et l'on s'étonne que cette perspective ne fasse pas taire les vœux et ne refoule pas au fond des cœurs les espérances des partisans de la Monarchie.

A un autre point de vue, la sagesse conseille de s'en tenir à la forme républicaine, et de s'attacher à elle comme à une ancre de salut. Le plus grand nombre des royalistes de toute couleur peuvent se rallier à la République. Leur raison ne s'y refuse pas, et leurs dévouements ne vont pas jusqu'à s'attacher à la fortune des princes. Ils conviennent même assez généralement que la République est la forme du Gouvernement de l'avenir : et ils ne s'aperçoivent pas qu'en la gardant aujourd'hui, nous faisons l'économie d'une révolution, pour le moins. Lorsqu'on va au fond des choses, on est porté à croire qu'ils préfèrent la Monarchie le plus souvent, parce qu'ils supposent que leur intérêt particulier est d'accord avec un établissement politique de ce genre. Mais enfin, aucun sentiment puissant tel que le patriotisme, aucune raison déterminante telle que le salut du pays, ne les éloigne de la République.

Il en est autrement des républicains. Pour eux, la Monarchie est une ennemie avec laquelle il n'y a ni alliance ni trève. Ils la considèrent comme étant absolument contraire, par son essence même, aux principes de la Révolution, et comme une cause de danger pour le pays. Forts de cette conviction, ils sont, par rapport à elle, ce qu'on appelle des *Irréconciliables*.

Quelle conséquence faut-il tirer de là? C'est que, selon le mot de M. Thiers, la République est le Gouvernement qui nous divise le moins : c'est que, surtout, si on rétablit la Monarchie, l'existence d'un parti républicain toujours ardent, toujours actif, parce qu'il est convaincu, sera une cause permanente de trouble dans l'État. Il n'est pas dans l'intention des monarchistes, je le veux croire, de préparer une série de révolutions nouvelles : tel serait pourtant le résultat inévitable d'une Restauration monarchique. Est-ce trop exiger de leur patriotisme que de leur demander de faire à la tranquillité du pays le sacrifice de leurs préférences et de leur fidélité?

Cette perspective d'une guerre civile certaine en cas de Restauration monarchique doit être envisagée en face par les électeurs. Ils vont par leur vote en assumer la responsabilité; il faut que, s'ils en acceptent les chances, ils se sentent prêts à défendre leur œuvre les armes à la main. La France n'a plus d'armée régulière, ou celles qui lui restent ne seront plus occupées à faire la guerre des rues. Y a-t-il des monarchistes qui se sentent disposés à engager une lutte civile au nom des princes?

Dans le passé, la Monarchie n'a donc garanti sérieusement ni l'ordre ni la stabilité, et elle ne les garantirait pas davantage dans l'avenir. On peut affirmer qu'elle n'a point assuré non plus la liberté. Il y aurait bien des choses à dire à cet égard, sur les régimes même constitutionnels; mais je n'aime pas les récriminations. Il suffit de rappeler que, dans un pays comme le nôtre, où les institutions politiques ne sont point encore fortement enracinées, et où le principe monarchique est en opposition de nature avec les principes de la Révolution française, toute dynastie est poussée presque fatalement à entrer en lutte contre les idées, et à se défendre contre les partis. Et c'est dans cet état de guerre que périt la liberté.

Je n'en veux citer qu'un exemple, parce qu'il ne souffre -

il me semble du moins — aucune contradiction. Est-il vrai que
la liberté électorale ait été respectée sous la Monarchie? N'est-il
pas vrai au contraire que c'est de ce régime que date le système
de corruption électorale, si merveilleusement perfectionné depuis? N'est-il pas certain qu'en composant des majorités factices,
on croyait défendre la dynastie, sans se préoccuper du tort que
l'on faisait ainsi aux institutions? Est-il vrai que tout l'effort de
l'administration centralisée était tourné du même côté, de sorte
que, dans les grands jours de la Nation, c'est-à-dire, pendant
les périodes électorales, l'intérêt présent et d'avenir du pays
était subordonné à l'intérêt du trône? Et enfin, n'est-il pas évi-
dent qu'il en serait encore de même aujourd'hui?

Je sais que des hommes politiques considérables accordent de
grands mérites à ce qu'on nomme le *Parlementarisme*. Nous
connaissons cette forme de Gouvernement; nous l'avons vue à
l'œuvre. J'admets qu'elle fût sans défaut; mais le moins qu'on
en puisse dire, c'est que si elle était possible avec un *pays légal*,
avec le cens électoral, elle est, avec le suffrage universel, diffici-
lement praticable. C'est une combinaison politique trop fine,
trop ingénieuse, trop délicate pour supporter les brusques et
impétueux mouvements d'une démocratie. C'est aussi une combinaison artificielle : or, ni les temps ni notre état social ne
comportent des artifices de ce genre. Ce n'est que par la pleine
lumière partout répandue, par la vérité en toute chose et principalement dans la politique, que l'on pourra éclairer, moraliser
et guider la démocratie française dans la large voie où elle s'est
engagée, et d'où nulle puissance au monde ne saurait la détourner. Je reconnais dans le Parlementarisme un idéal élevé,
un ingénieux travail de politique de cabinet : je l'apprécie. Je
tiens en grande estime quelques-uns de ses inventeurs et de ses
admirateurs. Mais je me défie de la générosité et de la largeur
des vues de beaucoup d'autres qui n'y tendent que parce qu'ils
reconnaissent en lui un système politique dont ils ont déjà usé,
en y trouvant pour eux-mêmes de grands avantages. Au fond, le
Parlementarisme ressemble trop à ce qu'on appelle en politique
une *Petite Eglise*. Quand on y est admis, on y trouve, je le veux,
une compagnie de choix : mais on n'y est pas longtemps en

paix. La foule gronde à la porte et se presse pour entrer. Les adeptes se demandent comment ils feront pour l'en empêcher, et, tandis qu'ils y songent, la Petite Eglise est déjà envahie et ses membres sont dispersés.

La Monarchie ne garantit point la liberté : que peut-elle pour notre grandeur?

C'est la Monarchie qui a fait la France. Elle a rendu d'immenses services à notre pays. La dynastie nationale mérite notre reconnaissance et a droit à tous nos respects. Mais désormais, la Monarchie, en nous faisant rentrer dans le concert des nations européennes par la similitude des institutions, ne peut nous y faire jouer qu'un rôle amoindri.

La Monarchie est une forme de Gouvernement principalement propre aux nations guerrières, et elle s'appuie sur des institutions conformes à son principe et à son but. La Monarchie française a joué ce rôle dans le monde : elle l'a joué avec un éclat que nulle autre nation n'a surpassé. Mais ce rôle est fini; et elle ferait une pauvre figure au milieu des Monarchies quasi-orientales qui se font l'instrument de la force contre nos idées. C'est au contraire par l'application complète, à l'intérieur, des principes de notre Révolution, et par leur propagande au dehors, que nous pourrons maintenir notre rang parmi les nations civilisatrices. La Monarchie n'est plus propre à cet emploi.

Et puis, il faut tout dire. — Le droit qu'un citoyen s'arroge de parler au public ne peut se justifier que par sa sincérité. — La France est dans une situation telle qu'elle n'en peut être tirée que par des moyens, non pas violents, certes, mais énergiques et sérieux. Le mal est grand, plus grand peut-être au dedans qu'au dehors. Nous devons, si nous voulons sincèrement une rénovation véritable, fonder des institutions entièrement nouvelles, et modifier profondément notre organisation administrative. Il y a des réformes considérables à faire. Nos malheurs, dûs aux vices de notre organisation intérieure non moins qu'aux institutions que nous avons subies, en démontrent la nécessité à qui veut voir et entendre.

Ni la Monarchie ni les monarchistes ne sont faits pour cette tâche. Il y a des procédés de gouvernement qui appartiennent

en quelque sorte en propre à tel ou tel système politique ; et les
procédés propres à la Monarchie seraient insuffisants. Il y a des
errements, des pratiques, des habitudes qui sont contraires à
l'effort qu'exige la situation nouvelle. Il y a aussi des intérêts
engagés dans le maintien du *statu quo*. Certes, ce n'est pas moi
qui méconnaîtrai jamais les intérêts légitimes : il n'y a pas de
motifs si hauts qu'ils soient qui puissent justifier la violation
d'un droit ou le sacrifice d'un intérêt né, existant. Mais aussi
l'avantage indéterminé, non encore réalisé en un droit positif,
que quelques hommes trouveraient à maintenir les choses dans
leur ancien état, ne saurait être préféré à l'intérêt supérieur de
notre pays et aux nécessités que son salut impose. On entend
parfois des monarchistes dire, en parlant des républicains ex-
trêmes, qu'ils prennent leurs passions et leurs convoitises pour
des idées. Cela est vrai quelquefois, mais on pourrait leur répondre qu'eux-mêmes prennent souvent leurs intérêts pour des
principes. Or, à l'œuvre qu'il faut accomplir, on doit apporter
des lumières, sans doute ; du patriotisme, cela va de soi ; de la
résolution, elle sera nécessaire ; mais, par dessus toute chose,
du désintéressement.

X

On élève contre la République une objection qui a l'air d'être
sérieuse et qui ne l'est guère. Comment, dit-on, voulez-vous
faire une République sans républicains ?

Cette forme d'argumentation ferait volontiers supposer que les
partisans de la République sont des hommes d'une espèce parti-
culière, dont il n'y aurait que de rares échantillons dans le pays.
Cependant, il y a des jours où tout le monde est républicain ; les
jours par exemple où, comme le 4 septembre dernier, la France
se trouve jetée au milieu de périls effroyables et sans gouvernement. Quelques citoyens courageux se lèvent, prennent en main
le drapeau du pays et gouvernent, et tout le monde dit : — il
faut soutenir ces hommes-là, — et on ajoute : — il n'y a rien

de mieux ni de possible que le gouvernement qui nous tire d'un si cruel embarras. Ce jour-là tout le monde est républicain. Mais, le lendemain, on a fait ses réflexions; et chacun a envisagé ce qu'il aurait à gagner à la restauration de tel ou tel gouvernement. Et, à partir de ce moment, on n'est plus républicain; on est légitimiste, orléaniste et même bonapartiste — car on affirme qu'il y en a — mais est-on bien patriote? Le doute est permis.

Vivre en République; cela n'a rien de choquant pour personne: mais n'allez pas dire à certains hommes que ne blesse en aucune façon cette forme de Gouvernement, qu'il sont républicains; cela les irrite comme une offense. Il ne faut pas trop s'arrêter à ce qu'il y a d'un peu puéril dans de tels scrupules; et au surplus, la discussion à l'égard de ces républicains qui ne le sont pas, et de ces monarchistes qui, au gré des événements, sont républicains, ne serait sérieuse de part ni d'autre. C'est par un autre côté que l'objection a une apparente valeur :— Les habitants des campagnes, dit-on, sont opposés à l'idée d'une République. Il convient de dégager ce qu'il y a de faux et ce qu'il y a de vrai dans cette assertion.

La République a été jusqu'à ce jour, en France, accompagnée ou suivie d'événements qui étaient de nature à impressionner fortement les imaginations. La forme du Gouvernement n'est pas responsable de ces événements, dûs presque tous à un ensemble de circonstances inévitables ou aux passions effrénées des hommes de parti. Mais on les a attribués à la République, parce qu'il faut bien qu'il y ait à la suite de tout malheur un éditeur responsable. Cette disposition à imputer au Gouvernement les désastres supportés ou les crimes commis en son nom, a été exploitée par des partisans d'autres régimes, et notamment par le bonapartisme qui s'est servi si perfidement de ce qu'on a appelé le *Spectre rouge*. Nos concitoyens n'oublieront plus, je pense, l'usage qui fut fait de ce spectre fameux pour les déterminer à voter le plébiscite du 8 mai, présage de cette abominable guerre.

Mais en faisant la part de l'impression défavorable que cause aux habitants des campagnes le mot de République, les partisans des réactions, quelles quelles soient, les exagèrent à plaisir; et ils ne font pas assez de cas, selon moi, du bon sens et de l'intelligence des campagnards. Ils mettent d'ailleurs à profit une équivoque qu'il faut faire cesser.

Oui, si par République on entend un gouvernement sans foi ni loi, la prédication ouverte et la mise en pratique de doctrines insensées, le désordre systématiquement organisé, l'oppression des consciences, les menaces contre la propriété et contre les droits sacrés de l'individu et de la famille érigées à la hauteur de principes politiques, la persécution politique et religieuse : oui, si on entend la République de la sorte, nos concitoyens n'en veulent pas, et sur ce terrain, je suis avec eux de cœur et d'âme.

Mais ils savent parfaitement que la République honnête ferait aussi bien leurs affaires que tel ou tel des gouvernements du passé qui en fin de compte n'ont garanti les intérêts de personne. Ils voient à l'œuvre celle qui est instituée et qui fait de si nobles efforts pour tirer la France de l'abîme où le dernier régime l'a fait tomber : ils ne s'en montrent ni effrayés ni troublés.

Qu'on ne croie pas d'ailleurs que les habitants des campagnes renient les principes de la Révolution de 89, que leurs pères ont faite. Qu'on ne s'imagine point qu'ils ne se rendent pas compte des avantages qu'offre la République, ne fût-ce qu'au point de vue de l'économie. Ils savent compter : et ils n'ignorent pas que l'entretien d'une dynastie quelconque coûte à la France 50 millions bon an mal an, et qu'autour des cours pullule un peuple famélique de courtisans et de personnages qui en coûtent autant.

Ils veulent un gouvernement honnête : ils ont raison, et la République peut l'être ; elle doit même l'être plus qu'une Monarchie. Ils veulent l'ordre qui protége leur travail, leur industrie, leurs intérêts : ils ont raison ; et la République est par essence un régime d'ordre, puisqu'étant le gouvernement de tous par tous, elle est essentiellement contraire aux factions. Ils détestent l'iniquité, l'inégalité, et ils n'entendent pas être exploités : ils ont raison ; et la République doit et peut seule donner satisfaction à ces vœux légitimes, parce qu'elle est avant tout le règne de la justice.

Enfin, ils n'ont pas un seul intérêt qui soit réellement contraire à la forme républicaine dont ils ont une image parfaite dans la commune qui se gouverne comme une petite République. Ils sont très-attachés à ces institutions municipales à l'aide desquelles ils s'administrent par l'intermédiaire de leurs délégués et d'un maire qu'ils peuvent changer, s'ils ne mènent pas leurs affaires à leur gré. Voilà la République intrônisée dans la commune; la République pour la France entière n'est pas autre chose.

Les habitants de nos campagnes sur lesquels on fonde tant d'espérances peu patriotiques ont compris tout cela. Ils associent volontiers leurs intérêts à la forme des Gouvernements, parce qu'ils voient très-clairement que les Gouvernements sont la garantie des droits individuels et des intérêts particuliers. Ils ont cru jusqu'à ce jour que sous ce rapport les régimes monarchiques leur donnaient des garanties plus sûres que le régime républicain. L'histoire avait déjà fourni d'autres leçons; mais les derniers événements les ont tout-à-fait désillusionnés; et ils savent désormais que la Monarchie ne garantit rien, ni l'ordre, ni la paix, ni la tranquillité; que leurs affaires sont aussi menacées par le pouvoir d'un seul que par le Gouvernement de tous; que leurs intérêts enfin ont plus à souffrir des fautes des dynasties qu'ils ne souffriraient des erreurs de la République. Quelle est en effet la République qui a jamais appelé sur notre pays des calamités semblables à celles que nous subissons? Quelle est la République qui a ruiné à ce point la France, qui l'a couverte d'une telle honte, et qui l'a dépeuplée à la fois de ses enfants devenus tous soldats ?

On a laissé pendant longtemps et systématiquement les habitants des campagnes dans une ignorance profonde de ce qui se passait en France. Les faits énormes qui viennent de s'accomplir les ont éclairés d'une lumière subite. Ils voient, ils réfléchissent, ils savent. J'ai plus de confiance que les partisans des régimes déchus dans leur bon sens et dans leurs cœurs; et je me repose en grande partie sur eux du soin de nous sauver.

XI

Tel est, dans un résumé rapide que les circonstances ne me permettent pas d'étendre, l'ensemble des idées qui, à mon sens, doivent dominer dans les préoccupations du Corps électoral appelé à composer la Constituante.

Qu'il me soit permis, en terminant de faire appel aux hommes de bonne volonté. La journée s'annonce laborieuse, la tâche est rude; c'est la France qu'il s'agit de sauver. Les maux qui l'accablent veulent des remèdes sérieux et puissants; si elle ne conjure pas les dangers qu'elle court par une régénération et par une rénovation complètes, elle ira inévitablement se perdre et tomber dans l'abîme où disparaissent les nations qui ne savent pas et qui ne veulent pas se guérir.

Oublions nos dissidences, s'il en reste encore, devant l'étranger souillant notre sol; oublions nos querelles; oublions nos préférences; oublions même nos intérêts privés. S'il est vrai que la politique nous a parfois divisés, comment ne nous rapprocherait-elle pas, aujourd'hui que toutes les questions politiques se concentrent sur l'existence même du pays? Sur le vaste terrain du suffrage universel, il y a place pour toutes les transactions honorables, pour tous les compromis qui ne vont pas jusqu'au sacrifice de la vérité. Quand on s'inspire avec bonne foi de la volonté du pays que j'ai essayé de résumer dans ces quatre idées maîtresses, l'ordre, la liberté, la stabilité et la grandeur nationale, tous les bons citoyens peuvent s'entendre. Tous les concours sont bons de quelque bord qu'ils viennent, il n'y a pas de parti qui puisse s'arroger le droit de les repousser, quand ces concours peuvent être utiles à la France.

Dans les moments solennels où nous sommes aucun de nous ne peut séparer ses destinées de celles de la France; et quant à moi, dans l'humble mesure de mes efforts, j'ai cru remplir un devoir en faisant connaître à mon pays appelé à prononcer sur son sort, ce que je crois honnête, juste et conforme aux véritables intérêts de la patrie.

FIN.

www.ingramcontent.com/pod-product-compliance
Ingram Content Group UK Ltd.
Pitfield, Milton Keynes, MK11 3LW, UK
UKHW021708090726
13657UKWH00005B/2111